Total klasse!

Werner Färber

Auf dem Schulweg erpresst

Mit Bildern von Elisabeth Holzhausen

Hase und Igel®

Für Lehrkräfte gibt es zu diesem Buch
ausführliches Begleitmaterial beim Hase und Igel Verlag.

Weitere Bände dieser Reihe:
Total klasse! Die 3a unter Verdacht
Total klasse! Klassenfahrt mit Stolpersteinen
Total klasse! Die 3a im Fußballfieber
Total klasse! Die 3a im Weihnachtstrubel
Total klasse! Die 3a im Forscherfieber

Informationen zum Autor Werner Färber
gibt es unter www.wernerfaerber.de

Dieses Buch erschien erstmals 2005 bei arsEdition, München.
Es wurde für diese Schulausgabe in Absprache mit dem Autor überarbeitet.

www.hase-und-igel.de
Coverentwurf und Reihensignet: Margit Kick
Druck: Grafisches Centrum Cuno GmbH & Co. KG

ISBN 978-3-86760-085-9
2. Auflage 2015

1. Kapitel

Geheimnisse

Mit dem letzten Gong des Vormittags springt Leo von seinem Stuhl auf. Seinen Anorak hat er bereits an. Er schwingt seinen Schulrucksack auf den Rücken und stürzt zur Tür.

„Moment!“, wird er von Frau Besenbinder gebremst. „Wenn es hier jemand eilig hat, dann bin ich das.“

Leo setzt sich wieder hin. Den Rucksack behält er auf.

„Macht ihr das Klassenzimmer bitte ausnahmsweise ohne mich fertig?“, wendet sich die Lehrerin an die 3a. „Ich hab einen Termin mit dem Malermeister, um neue Tapeten und Farben auszuwählen. Vergesst nicht, die Stühle hochzustellen. Wir wollen doch keinen Ärger mit unserem lieben Hausmeister bekommen. Tschüss, bis morgen.“

Weg ist sie.

„Tss – lieber Hausmeister“, grummelt Ulli und lässt seinen Stuhl auf den Tisch krachen.

„Hoffentlich ist ihre Wohnung bald fertig“, murrt Ilona. „Sie hat keine Zeit für nichts mehr.“

„Wenn Besi keine Zeit für nichts hätte“, sagt Oskar, „müsste sie sich nicht beeilen.“

Ilona sieht ihn zweifelnd an.

Oskar verdreht die Augen. „Du hast gesagt: Keine Zeit für nichts – das heißt so viel wie jede Zeit für alles.“

„Sei nicht so pingelig“, erwidert Ilona gereizt.

„Leo, warte!“, ruft Pia, weil ihr Tischnachbar schon wieder an der Tür ist. „Wir wollten noch über Besis Geschenk reden.“

„Ach ja, richtig“, erinnert sich Oskar bei diesem Stichwort an seine Rolle als Klassensprecher. „Alle mal herhören! Klassenrat!“

„Aber ein bisschen dalli“, sagt Zacharias. „Papa holt mich heute mit unserem neuen BMW ab.“

„Für Besi kann dein viel beschäftigter Papa auch mal drei Minuten warten“, erwidert Oskar.

Zacharias holt Luft, um zu widersprechen.

„Halt einfach die Klappe, dann geht's schneller", kommt ihm Stefanie zuvor.

Im Grunde hat die Klasse nicht viel zu besprechen. Was Besi zum Umzug bekommen soll, ist mittlerweile beschlossen. Obwohl es nicht leicht war, aus ungezählten Vorschlägen den richtigen auszuwählen.

Zum Beispiel sollte die Lehrerin eine Schultüte mit Süßigkeiten bekommen. Oder Brot und Salz, die man aus alter Tradition zum Einzug in eine neue Wohnung verschenkt. Ein Hufeisen, um es als Glücksbringer über die Wohnungstür zu hängen, einen Gutschein fürs Kino, eine Geigenstunde bei Katharinas Geigenlehrer, ein lebendiges Glücksschwein, eine Einladung zum Eisessen im Dolomiti. Sogar ein Rotstift für Korrekturen und eine Schachtel bunte Tafelkreide sind in die engere Auswahl gekommen.

Nach langem Hin und Her einigten sich die Kinder schließlich auf ein großes Klassenfoto. Natürlich mit Rahmen, damit es die Lehrerin in ihrer neuen Wohnung gleich aufhängen kann. Höchst kompliziert war es auch, einen Termin für die Aufnahme des Fotos zu finden. Mal konnte dieser nicht, mal hatte jene etwas anderes vor. Und das alles bei strengster Geheimhaltung!

Letzte Woche trafen sich endlich alle in Katharinas Garten und Frau Ullmann verknipste einen ganzen Film. Um Geld zu sparen, bestellten die Kinder zunächst nur einen postkartengroßen Übersichtsbogen, auf dem alle 24 Bilder im Miniformat zu sehen sind. Am Donnerstag oder Freitag können sie den Bogen abholen.

„Frederike hat eine Idee", verkündet Corinna nun, „was wir Besi als kleine Zugabe schenken könnten."

Frederike zögert. „Na ja, klein stimmt nicht so ganz. Aber wahrscheinlich findet ihr den Vorschlag sowieso alle doof."

„Was dir einfällt, kann nur doof sein", meint Zacharias.

„Hör nicht auf ihn. Erzähl einfach weiter", sagt Ilona.

„Wir könnten Besi einen Besenstrauß binden“, sagt Frederike.

Die wenigsten kapieren, was sie meint. Ralf sieht seine Mitschülerin an, als hätte sie Chinesisch geredet. „Einen was?“

„Einen Besenstrauß“, antwortet Frederike unsicher.

„Ich kenne nur Blumenstrauß“, sagt Anton.

„Oder Vogel Strauß“, meint Ulli.

Corinna schüttelt den Kopf. „Typisch Jungs – nicht mal für fünf Cent Fantasie. Also, für die ganz Doofen: Wie heißt unsere Lehrerin?“

„Tss.“ Anton zuckt mit den Schultern. „Besenbinder.“

„Und wie macht man einen Strauß?“, fragt Corinna weiter.

„Man legt ein Ei und brütet“, sagt Ulli.

„Keinen Vogel Strauß“, sagt Corinna. „Einen Blumenstrauß.“

Auch darauf hat Ulli eine Antwort: „Man geht in den Laden und kauft ihn.“

„Ja, wenn man selbst zwei linke Hände hat“, erwidert Corinna. „Einen Strauß bindet man.“

Auch Pia hat Frederikes Vorschlag nicht auf Anhieb verstanden, aber nun geht ihr ein Licht auf. „Besenbinder“, wiederholt sie noch einmal den Namen der Lehrerin. „Du meinst“, wendet sie sich an Frederike, „wir sammeln Besen und binden damit einen Strauß?“

Frederike nickt.

„Blödsinnsidee“, sagt Zacharias.

„Nein, das ist super!“, ruft Pia begeistert. „Das machen wir.“

Es wird laut im Klassenzimmer. Alle reden durcheinander: „Was für Besen?“ – „Total klasse!“ – „Hexenbesen.“ – „So ein Quatsch!“ – „Straßenbesen.“ – „Handfeger auch?“ – „Natürlich!“ – „Reisigbesen!“ – „Tischbesen!“ – „Schneebesen!“ – „Ihr spinnt!“ – „Spielzeugbesen?“ Ein Heidenlärm.

Oskar springt auf einen Tisch und sorgt als Klassensprecher für Ruhe. „Wir stimmen ab“, fordert er die anderen auf. „Wer ist dafür?“ Er zählt die Hände. „Dreizehn. Dagegen?“ Er zählt erneut. „Auch dreizehn. Und jetzt?“

„Dann macht mit, wer will, und die anderen lassen es bleiben“, sagt Ilona, seine Klassensprecherkollegin. „Würdest du die Besen erst mal sammeln?“, wendet sie sich an Frederike.

Die nickt.

„Ab sofort bringen wir Frederike alles mit, was sich Besen nennt“, sagt Ilona. „Und am Ende binden wir den dicksten Besenstrauß, den die Welt jemals gesehen hat.“

„Haben wir dafür überhaupt noch Geld?“, wendet sich Naomi an Leo, den Hüter der Klassenkasse.

„Es müssen ja keine neuen Besen sein“, verteidigt Frederike ihre Idee, bevor Leo antworten kann.

„Überhaupt, Leo“, sagt Oskar. „Ich bekomme noch 5,50 Euro für den Bilderrahmen. Hast du das Geld heute dabei?“

„Nein“, antwortet Leo knapp.

„Mensch, Leo, ich brauch die Kohle“, sagt Oskar. „Meine Mama hat bald Geburtstag.“

„Ich bekomme auch noch 1,95 Euro“, sagt Naomi. „Für die Glückwunschkarte.“

„Und meine 4,95 für den Film?“, meldet sich Hanna. „Jeden Tag versprichst du, das Geld mitzubringen.“

Leo blickt zu Boden.

„Wie soll ich die Entwicklung bezahlen, wenn ich keinen Cent habe?“, fragt Wolfram. „Ich hab dir gestern schon gesagt, dass ich blank bin.“

Leo bleibt weiterhin stumm.

„Was ist denn, Leo?", fragt Pia.

„Lass mich", erwidert Leo ungewohnt ruppig.

Murat legt ihm den Arm um die Schultern und hält ihm grinsend die Faust vor die Nase. „Sag jetzt nicht, du hast die Klassenkasse geplündert", meint er scherzhaft.

Ohne Murat anzusehen, windet sich Leo aus der Umarmung und rennt davon.

2. Kapitel

Gerüchte

„Bingo", sagt Zacharias. „Sieht aus, als hätte der liebe, brave Leo tatsächlich unsere Kasse geleert."

„Du bist ja bescheuert!", fährt Pia ihn an. Sie eilt hinter Leo her und knallt die Tür ins Schloss.

Zacharias kehrt mit übertriebener Geste die Handflächen nach oben. „Und wieso haut er dann ab?"

„Was machen wir", fragt Anton, „wenn Leo das Geld tatsächlich auf den Kopf gehauen hat?"

„Anscheinend hat dir jemand auf den Kopf gehauen", sagt Corinna. „Und jetzt hast du einen Dachschaden. Ihr habt sie doch nicht mehr alle! Leo würde die Klassenkasse niemals für sich verwenden."

Oskar nickt. „Leo ist der Letzte, dem ich so was zutraue."

„Wieso kommt er dann täglich mit neuen Ausreden?", fragt Murat in die nachdenkliche Stille hinein. *„Ich hab das Geld vergessen. – Ich bin zu schnell aus dem Haus. – Ich hab die Geldkassette* *nicht gefunden.* Passst auf, der hat sich eine ganze Schubkarre Süßkram gekauft und wir sehen unsere Kohle nie wieder."

„Reg dich ab", sagt Oskar. „Du hast doch nicht mal was ausgelegt."

„Es stimmt allerdings, dass uns Leo seit Tagen vertröstet", meint Naomi.

Die Tür des Klassenzimmers fliegt auf. Wie auf Kommando drehen sich alle um.

„Was macht ihr denn noch hier?", raunzt Hausmeister Pelzig, der von allen Putzig genannt wird. „Weshalb sind die Stühle nicht hochgestellt? Wo ist eure Lehrerin? Kann die wieder mal nicht auf euch aufpassen?"

Mutig ergreift Oskar das Wort: „Frau Besenbinder ist sonst immer hier, bis alle weg

sind. Nur heute nicht", nimmt er die Lehrerin in Schutz. „Außerdem weiß sie, dass wir auch mal auf uns selbst aufpassen können." Er stellt seinen Stuhl hoch. „Auf Wiedersehen."

„Werd nicht frech!", bollert Putzig.

Die anderen Kinder folgen Oskars Beispiel. Allerdings ohne zu grüßen. Mit verschränkten Armen beobachtet Putzig, wie die Kinder der 3a das Klassenzimmer verlassen.

Vor dem Haupteingang werden sie von Pia erwartet. „Leo ist weg."

„Das ist so gut wie ein Geständnis", sagt Zacharias. „Oder willst du immer noch nicht wahrhaben, dass dein Liebster unsere Klassenkasse leergeräumt hat?"

Ehe Pia Zacharias ordentlich die Meinung sagen kann, rennt er hinüber zum Parkplatz, wo sein Vater ausgiebig die Hupe seines neuen Spielzeugs betätigt. Bis auf Ilona, Oskar, Pia und Wolfram eilen alle hinter ihm her, um die silbergraue Flunder zu bewundern.

„Angeber", raunt Wolfram.

Ilona nickt zustimmend. „Wieso kauft sich jemand mit Familie ein Auto, in dem man nur zu zweit sitzen kann?"

„Ich meine nicht den Vater, ich meine Zacharias“, sagt Wolfram.

„Könnten wir uns vielleicht auf beide einigen?“, schlägt Oskar vor.

Die vier machen sich gemeinsam auf den Heimweg. Unterwegs verschafft Pia ihrem Ärger Luft: „Leo ist doch nicht blöd! Als ob er nicht wüsste, dass wir es merken, wenn er Geld aus der Kasse nimmt. Da steckt was anderes dahinter.“

Oskar bleibt stehen. „Glaubst du etwa, Leo hat tatsächlich in die Kasse gegriffen?“

Pia zuckt mit den Schultern. „Irgendwas stimmt nicht mit ihm.“ Sie zögert. „Habt ihr auch gehört, dass Kinder aus unserer Schule überfallen wurden?“

Wolfram lacht. „Du siehst zu viel fern.“

„Du meinst, die haben Leo …?“, wendet sich Ilona an Pia, ohne ihre Frage zu Ende zu bringen.

„Wovon redet ihr?“, fragt Oskar. Er hat keinen Schimmer, was die Mädchen meinen.

„Ein paar ältere Schüler aus der Rosskopf-Schule haben angeblich welche von uns bedroht“, antwortet Ilona.

Oskar schüttelt den Kopf. „Das wüsste doch jeder.“

„Genau das ist wohl ihre Masche“, sagt Pia. „Die machen Druck. – Wer was verrät, bekommt eine Portion Prügel extra.“

„Und du glaubst, dass sie auch Leo in der Mache haben?“, fragt Wolfram voller Zweifel.

Weil Pia fürchtet, dass ihrem Freund etwas zugestoßen sein könnte, gehen sie einen Umweg, um bei ihm zu klingeln.

Pia atmet erleichtert auf, als Leos Stimme durch die Sprechanlage zu hören ist. „Ja?"

„Wir sind's, Leo. Alles in Ordnung?", ruft sie.

Pause. „Was?"

„Bist du gut nach Hause gekommen?", ruft Oskar.

Pause. „Wieso?"

„Wir haben uns Sorgen gemacht", sagt Pia.

„Lasst mich in Ruhe." Leo stellt die Sprechanlage ab.

„Seht ihr?", sagt Pia. „Irgendwas ist mit ihm."

3. Kapitel

Gefahren

Schon am nächsten Morgen schleppen die Kinder erste Besen an. Die Frage, ob auch der mitgebrachte Schrubber oder das zum Handfeger gehörige Kehrblech in den Strauß gebunden werden sollen, wird nicht abschließend beantwortet.

Oskar platzt mit einer brandheißen Nachricht ins Klassenzimmer: Einem Jungen aus der 1b wurde gestern auf dem Schulweg aufgelauert. Während zwei große Jungen den kleinen Tom festhielten, kippte ein dritter den Schulranzen des Erstklässlers auf dem Gehweg aus. Was sie gebrauchen konnten, stopften die Täter in ihre Taschen: Kleingeld, Toms Füller und ein Handy. Zur Krönung ihrer Gemeinheit trampelten die Unbekannten auf Toms Pausenbrot herum und leerten seine Trinkflasche aus. Für den Fall, dass er auch nur ein Wort sagen würde, drohten sie ihm Prügel an.

Natürlich nahm Tom die Drohung ernst und hätte den Überfall verschwiegen, wenn es ihm gelungen wäre, sich zusammenzureißen. Er konnte seine Schluchzer jedoch nicht unterdrücken. Als er ins Klassenzimmer kam, flossen seine Tränen noch immer und seine Lehrerin wollte selbstverständlich wissen, was los war.

Was gestern noch ein Gerücht war, ist nun also eine Tatsache: Eine Bande älterer Jungen überfällt Grundschüler.

Der Vorfall wird in der 3a so heiß diskutiert, dass die Kinder nicht einmal mitbekommen, wie lange Frau Besenbinder bereits überfällig ist. Nur Pia blickt ständig zwischen Wanduhr und Tür hin und her. Leo ist noch nicht aufgetaucht. Nach den letzten Ereignissen macht sich Pia natürlich noch größere Sorgen.

Als die Tür endlich aufgeht, ist es jedoch nicht Leo, der hereinkommt. Und auch nicht die Lehrerin. Der Schulleiter stattet den Kindern einen Besuch ab.

Kurz bevor Herr Dieckmann die Tür hinter sich schließen kann, drückt sich Leo ins Zimmer. Pia atmet erleichtert auf. Wie alle anderen huscht auch Leo an seinen Platz.

„Guten Morgen", flüstert Pia ihm zu.

„Morgen", erwidert er knapp.

Herr Dieckmann überbringt den Kindern keine gute Nachricht. Frau Besenbinder ist gestern Abend mit dem Fuß umgeknickt und kann nicht mehr richtig auftreten. „Im Augenblick ist sie beim Arzt. Wenn überhaupt, kommt sie frühestens zur fünften Stunde. Ihr müsst also heute Vormittag mit einer Vertretung vorliebnehmen." Herr Dieckmann legt eine Pause ein. „Von der anderen Sache habt ihr vermutlich alle schon gehört. Gestern früh ist einer eurer Mitschüler überfallen worden. Die Polizei ist informiert und bittet uns alle um Mithilfe. Wer etwas gesehen hat, wendet sich bitte an mich oder an eure Lehrerin." Der Schulleiter blickt sich in der Klasse um. „Bis wir die Täter haben, möchte ich, dass ihr nur noch zu mehreren nach Hause geht. Noch besser ist es, wenn ihr euch vorläufig von euren Eltern abholen lasst. Manche haben ein Handy dabei. Benutzt es im Notfall auch. Sollte euch auf dem Nachhauseweg etwas nicht geheuer sein, sucht Zuflucht im nächsten Laden oder sprecht Erwachsene an. Wenn ihr bedroht werdet, schreit laut um Hilfe. Das schreckt ab."

Während der Schulleiter diese wichtigen Verhaltensregeln aufzählt, herrscht angespannte Stille.

Die meisten sind fassungslos. Wie kommen ältere Schüler darauf, einen viel kleineren Jungen zu bedrohen?

„Meine Eltern wollen nicht, dass ich Fremde anspreche“, sagt Frederike. „Vor allem keine Männer.“

Murat tippt sich an die Stirn. „Willst du etwa eine Frau um Hilfe bitten? Männer sind stärker.“

„Dafür sind Frauen schlauer!“, ruft Eleonore. „Außerdem sind nicht alle Männer stark.“

Obwohl die Lage eigentlich sehr ernst ist, kann sich der Schulleiter ein Schmunzeln nicht verkneifen. Dennoch geht er auf Frederikes Einwand ein. „Wenn es sich um einen Notfall handelt, werden deine Eltern die Ausnahme sicher richtig finden.“ Er wendet sich an Murat. „Im Übrigen geht es mir nicht um Muskelkraft, wenn ich euch auffordere jemanden anzusprechen. Ihr sollt einfach nur auf euch aufmerksam machen. Die Täter können Zeugen nämlich nicht gebrauchen.“

Die Kinder nicken.

„Ist euch in den letzten Tagen oder Wochen etwas aufgefallen?“, fragt Herr Dieckmann.

Pia blickt heimlich zu Leo. So wie er unter dem Tisch die Finger knetet, scheint er mit sich zu ringen, ob er sich melden soll. Pia kennt ihn gut genug, um zu wissen, dass er kurz davor ist, den Mund aufzumachen. Sie stupst ihn mit dem Ellbogen an. Mit einem aufmunternden Blick gibt sie ihm zu verstehen, dass er sich dem Schulleiter anvertrauen soll, wenn er etwas weiß. Leo entscheidet sich zu schweigen.

„Tom aus der 1b hat versucht, die Täter zu beschreiben“, fährt Herr Dieckmann fort. „Er war aber viel zu aufgeregt, als dass man etwas damit anfangen könnte. Trotzdem deutet alles darauf hin, dass es sich um etwa zwölf- bis vierzehnjährige Jungen handelt. Vermutlich aus einer Schule unseres Stadtteils. Ich werde noch heute mit allen anderen Schulen Kontakt aufnehmen und die Sache zur Sprache bringen. Ihr bekommt in der letzten Stunde einen Elternbrief mit nach Hause und auch an den anderen Schulen werden die Eltern informiert.“ Er lächelt freundlich in die Klasse. „Macht euch keine zu großen Sorgen – aber seid auf der Hut. Und wenn ihr etwas mitbekommt, sagt sofort Bescheid.“

Den Rest des Vormittags wird die 3a von Frau Schmidt-Pöhlmann betreut. Eigentlich gibt sie nur Textiles Werken. Nach Besis Krankmeldung ist sie zur Schule gekommen, um auszuhelfen. Obwohl der Überfall auf Tom Gesprächsthema Nummer eins bleibt, muss Leo nach der ersten Stunde den Unmut all derer über sich ergehen lassen, denen er auch heute kein Geld mitgebracht hat. Erneut rennt er davon und flieht aufs Klo. Weil ihm Pia bis vor die Tür der Jungentoiletten folgt, schließt er sich in einer Kabine ein.

Die Stimmung auf dem Schulhof ist gedämpft. Die Kinder spielen leiser als sonst. Umso deutlicher ist Putzig zu hören, der auch heute schimpft wie ein Rohrspatz. Worüber er sich an diesem Morgen so lautstark auslässt, überrascht allerdings viele: „Wenn ich einen von denen erwische! Feiges Pack! Erpressen wehrlose Grundschüler!"

„Was ist denn mit Putzig los?", fragt Ulli in die Runde. „Wehrlose Grundschüler? Ich denke, er kann uns nicht leiden."

„Wie kommst du nur auf so was?", erwidert Oskar. „Im Grunde seines Herzens liebt uns Putzig heiß und innig. Er kann es nur nicht so richtig zeigen."

„Du spinnst", sagt Ulli.

4. Kapitel

Geständnis

Zur nächsten Stunde taucht Leo erst gar nicht auf. Frau Schmidt-Pöhlmann fragt besorgt, ob jemand weiß, was mit ihm ist.

„Der hat sich im Klo eingeschlossen!“, ruft Dragan.

Frau Schmidt-Pöhlmann schüttelt verwundert den Kopf. „Wieso das denn?“

„Ihm war schlecht“, kommt Pia den anderen zuvor. „Soll ich nach ihm sehen?“

„Geht doch gar nicht“, sagt Ralf.

„Und wieso nicht?“, fragt Pia.

„Weil du ein Mädchen bist“, antwortet Ralf.

„Na und?“, hält Pia dagegen, obwohl sie vorhin in der Pause die Jungentoilette auch nicht betreten wollte. Jetzt, während des Unterrichts, ist auf dem Klo allerdings sicher nichts los.

„Ich kann Pia begleiten“, schlägt Oskar vor.

Frau Schmidt-Pöhlmann ist einverstanden. „Wenn ihm wirklich schlecht ist, bringt ihr ihn bitte ins Sekretariat. Da kann er sich auf der Liege ausruhen. Und wenn es sein muss, soll Frau Weiß seine Eltern anrufen."

Auf dem Weg zu den Toiletten sagt Oskar: „Vielleicht erzählt er uns endlich mal, was mit ihm los ist."

Pia nickt, ohne selbst daran zu glauben. „Sieh erst nach, ob noch einer pinkelt", fordert sie Oskar vor der äußeren Tür auf.

Oskar geht voran. „Die Luft ist rein."

„Na ja", erwidert Pia naserümpfend, ehe sie nach Leo ruft. Sie erhält keine Antwort. Die beiden gehen von Tür zu Tür. Die letzte Kabine lässt sich nicht öffnen.

„Leo? Bist du da drinnen?", fragt Pia. Wieder nichts.

Oskar geht in die Hocke. Vielleicht kann er durch den unteren Türspalt Leos Füße sehen. Auch nichts. Er richtet sich wieder auf und drückt mehrmals die Klinke. „Wieso ist die verschlossen, wenn keiner drin ist?"

„Vielleicht hat er die Füße angezogen", flüstert Pia Oskar ins Ohr. „Leo!", ruft sie sanft. „Wir wissen, dass du da bist."

„Lasst mich in Ruhe!", giftet Leo nun endlich von drinnen.

Pia schnauft tief durch. „Nein, das werden wir nicht tun."

„Komm schon, Leo", versucht es Oskar ebenfalls auf die sanfte Tour. „Pia und ich – wir wissen, dass du dich nicht aus der Klassenkasse bedient hast."

„Hab ich aber doch!", schreit Leo verzweifelt.

Während Oskar fast die Kinnlade runterfällt, legt Pia den Zeigefinger an die Lippen. Oskar soll jetzt bloß nichts Falsches sagen. „Aber dafür gibt's doch sicher einen Grund. Das hast du doch bestimmt nicht aus Spaß gemacht."

Schweigen.

Oskar fasst sich an die Stirn. Endlich kapiert er, wie alles zusammenhängt. „Sag mal, Leo – bist du etwa auch von diesen Typen überfallen worden?"

Beinahe geräuschlos dreht sich der kleine farbige Abschnitt am Türschloss von Rot auf Weiß. Pia greift nach der Klinke und öffnet behutsam die Tür. Seine Knie umklammernd, sitzt Leo mit angezogenen Beinen auf dem Klodeckel. Er sieht aus, als würde er in seinem ganzen Leben nicht mehr glücklich werden.

Pia tritt in die Kabine und legt ihren Arm um seine Schultern. „Mensch, Leo, erzähl doch endlich."

„Ich hab das ganze Geld aus der Klassenkasse genommen", flüstert er kaum hörbar.

Oskar kann es kaum fassen. „Verdammt – sie haben dich also tatsächlich am Wickel?"

„Nein", sagt Leo in Richtung Bodenfliesen. „Nicht mich."

„Sondern?", fragt Pia.

Ohne den Blick zu heben, schüttelt Leo wortlos den Kopf.

Pia atmet deutlich hörbar durch die Nase aus und richtet sich auf. Selbst der dickste Geduldsfaden wird irgendwann dünn, wenn man ihn zu sehr strapaziert. Damit ihrer nicht reißt, lehnt sich Pia mit verschränkten Armen gegen die Wand

der engen Kabine und zählt stumm bis zehn. Wieso kann Leo nicht einfach sagen, was los ist? Sie erzählt ihm doch auch alles.

Mit einem Mal rollen Leo Tränen über die Wangen. „Mann! Ich hab's doch versprochen!“, platzt es aus ihm heraus. Beinahe flehend sieht er Pia und Oskar an. Dann starrt er wieder auf die Bodenfliesen.

Oskar und Pia tauschen ratlose Blicke.

„Wem?“, fragt Oskar nach längerem Schweigen. „Wem hast du was versprochen?“

Erneut knetet Leo seine Finger. Wie vorhin in der ersten Stunde. „Meinem Bruder“, beginnt er schließlich flüsterleise. „Ich hab es Lars versprochen. Es ist schon schlimm genug, dass er mir was gesagt hat. Wenn die erfahren, dass er …“

Oskar bläst die Backen auf. „Diese Dreckskerle haben also nicht dich, sondern Lars überfallen?“

Leo lässt sich sehr lange Zeit. Dann nickt er und beginnt stockend zu erzählen. Seit beinahe drei Wochen ist Lars Opfer dieser Erpresserbande. Weshalb sie ausgerechnet ihn ausgewählt haben, weiß er nicht. Es scheint reiner Zufall zu sein, ob sie sich einen Erstklässler oder, wie im Fall von Lars, einen Viertklässler schnappen. Mittlerweile haben sie Lars schon mehrmals aufgelauert. Beim ersten Mal leerten sie seine Schultasche aus und durchwühlten seine Sachen. Genau dasselbe Strickmuster wie gestern Morgen bei Tom. Weil sie in der Tasche nichts fanden, was sie interessierte, fragten sie ihn, ob er ihnen freundlicherweise seinen Fanschal schenken könnte. „Aber den wollte Lars nicht hergeben“, sagt Leo. „Deshalb haben sie ihn im Dreieck hin- und hergeschubst. Am Ende hat er ihn dann doch weggegeben. Was hätte er sonst machen können?“

„Scheißtypen“, sagt Oskar.

„Und weiter?“, fragt Pia.

„Sie haben Lars aufgefordert, ihnen was Nettes mitzubringen. Wenn ihm nichts Gescheites einfiele, bekäme er Prügel.“

„Wie – was Nettes mitbringen?“, fragt Oskar.

„Lars hat auch nicht gleich kapiert, was sie meinten“, antwortet Leo. „Erst als sie gesagt haben, er hätte ja wohl irgendwas Brauchbares zu Hause, dämmerte ihm, worauf sie hinauswollten. Er brachte ihnen seinen Discman. Als sie merkten, dass die Kopfhörer nicht funktionierten, wollten sie neue haben. Lars nahm heimlich Mamas. Schon am nächsten Tag suchte Mama ihre Kopfhörer. Lars behauptete, sie benutzt und unterwegs verloren zu haben. Natürlich musste er sie ersetzen. Aber die Typen war er damit immer noch nicht los. Nun verlangten sie Druckerpatronen, Fotopapier und CD-Rohlinge zum Brennen. Lauter Kleinkram, insgesamt aber trotzdem ziemlich teuer. Als Lars schließlich pleite war, pumpte er mich an." Leo hebt hilflos die Schultern. „Mir hat er doch auch erst von den Erpressern erzählt, als ich mein Geld wiederhaben wollte und er es mir nicht geben konnte. – Ich hab ihm geschworen, niemandem was zu verraten."

„Und als er noch mehr brauchte", sagt Pia, „fiel dir die Klassenkasse ein."

Leo nickt. Plötzlich braust er auf. „Was hätte ich denn machen sollen? Die haben Lars Bilder gezeigt. *So sehen die aus, die uns verpfeifen,* haben sie gesagt."

„Was für Bilder?", fragt Pia.

„Eins haben sie Lars mitgegeben. *Als Andenken.* Der Junge auf dem Foto war reif fürs Krankenhaus."

„Mann, ich glaub's nicht", schimpft Oskar aufgebracht.

„Wir müssen es Besi erzählen", sagt Pia.

„Wollte ich doch heute!“, sagt Leo sauer. „Bis jetzt hab ich mich einfach nicht getraut. Wenn die mitkriegen, dass Lars was gesagt hat – die schlagen ihn grün und blau. Wirklich, Pia, die machen das. Lars schiebt die totale Panik. Ich musste ihm schwören, gerade Besi nichts zu sagen. Er weiß doch, wie gut wir uns mit ihr verstehen.“

„Worauf hast du eigentlich geschworen?“, fragt Oskar in der Hoffnung auf ein Hintertürchen. Wenn der Schwur nicht so wichtig war, kann man ihn vielleicht brechen.

Leo wird rot, blickt kurz auf Pia und senkt sofort wieder den Blick.

„Ups“, sagt Oskar, der sofort kapiert: Leos Schwur hat etwas mit seiner Freundschaft zu Pia zu tun. „Schon okay“, sagt Oskar. „Wir bekommen das auch so irgendwie hin.“

„Worauf denn jetzt?“, fragt Pia, die dieses eine Mal nicht so schnell geschaltet hat wie Oskar. Als es dann endlich auch bei ihr klick macht, nimmt sie Leo tröstend in den Arm.

„Und jetzt hab ich mich endlich durchgerungen, Besi doch was zu sagen, da taucht erst Dicky auf und dann die Schmidt-Pöhlmann“, sagt Leo leise.

Für den Rest der Unterrichtsstunde verkriechen sich die drei in der Kletterhütte auf dem Schulgelände. Mit viel Geduld und nach gutem Zureden lässt sich Leo schließlich darauf ein, den Klassenrat einzuberufen. Trotz des Nieselregens treffen sich die Kinder der 3a während der nächsten großen Pause unter dem Fenster ihres Klassenzimmers.

5. Kapitel

Gestrauchelt

Nach Leos Geständnis stemmt Dragan empört die Hände in die Hüften. „Sag mal, du hast ja wohl ein Rad ab! Du gibst unser Geld einem aus der 4b?" Dass Leo das Geld nicht für sich selbst verwendet hat, findet er okay. Aber dass er die Klassenkasse ausgerechnet für einen Schüler der Klasse geplündert hat, mit der sich die 3a ständig in den Haaren liegt, kann er nicht begreifen.

„Lars ist immerhin Leos Bruder", mischt Oskar sich ein.

„Trotzdem geht Lars in die 4b", erwidert Dragan sauer.

„Bei deiner kleinen Schwester würdest du dich auch nicht zurückhalten, Dragan", sagt Wolfram.

„Was hat das mit Marija zu tun?"

„Na, dich will ich sehen", spinnt Wolfram seinen Gedanken weiter, „wenn jemand Marija bedrohen würde."

Dragan nickt. „Der Kerl könnte sein Testament schreiben."

„Genauso klar ist es, dass Leo seinem Bruder hilft."

„Hm", macht Dragan. „Und was machen wir jetzt? Sollen diese Typen unsere Kohle etwa behalten?"

„Quatsch", tönt Murat, „die holen wir uns wieder."

„Erzähl mir, wie", sagt Oskar, „und ich bin dabei."

Murat muss nicht lange überlegen. „Ich hab auch einen großen Bruder. Okan macht die platt wie nichts."

„Genau!", stimmt Anton ein. „Wir brauchen nur genug Leute, dann haben die doch gar keine Chance."

„Hab ich euch eigentlich schon erzählt, dass ich nächste Woche mit Karate anfange?", fragt Zacharias.

„Schon hundert Mal", sagt Murat gedehnt. „Glaub bloß nicht, dass wir warten, bis du den schwarzen Gürtel hast." Murat würde am liebsten sofort losmarschieren, um die Angelegenheit mit Muskelkraft zu erledigen.

Die meisten anderen wollen das Problem jedoch lieber mit kühlem Kopf angehen. Ausgerechnet an so einem Tag ist Frau Besenbinder nicht in der Schule. Selbst wenn Leos Bedenken noch so groß sind, mit ihr könnten die Kinder jetzt wenigstens reden. Ihr könnten sie sich anvertrauen. Allerdings ist ohnehin allen klar, dass auch die Lehrerin gegen ein gewaltsames Vorgehen wäre.

„Man muss diese Verbrecher irgendwie ködern", schlägt Ilona vor.

„Wie soll das gehen?", fragt Oskar.

„Können wir nicht einen Lockvogel einsetzen?" Ilona wendet sich an Leo. „Frag doch einfach deinen Bruder, wann er sich das nächste Mal mit ihnen treffen soll. Dann legen wir uns auf die Lauer und machen heimlich Fotos von ihnen. Dadurch hätten wir Beweise und die Polizei könnte sie verhaften."

„Du hast sie wohl nicht alle?", erwidert Leo empört. „Glaubst du etwa, mein Bruder findet es gut, wenn wir ihm nachher ein paar Fotos überreichen, auf denen er sich anschauen kann, wie sie ihn zusammengeschlagen haben? Außerdem macht man mit diesen Typen nicht einfach mal einen Termin ab."

„Sondern?", fragt Ilona.

„Die lauern dir auf, kommen plötzlich von drei Seiten“, sagt Leo. „So hat es Lars jedenfalls beschrieben.“

„Wie wär’s mit einem Privatdetektiv?“, fragt Benno in die Runde.

„Kennst du einen?“, fragt Oskar zurück.

Benno schüttelt den Kopf. „Vielleicht steht im Telefonbuch einer. In den Gelben Seiten?“

„Und wer soll den bezahlen?“, fragt Murat. „Die Klassenkasse ist leer.“

„War ja nur eine Idee“, grummelt Benno.

Die einzige gute Nachricht des Tages erreicht die 3a kurz vor dem Schlussgong: Besi wird bereits morgen wieder zur Schule kommen. Die Ärzte haben ihr bestätigt, dass die Bänder zwar stark gedehnt, aber nicht gerissen sind. Dass sie ihren Knöchel noch einige Tage schonen soll, hält die Lehrerin nicht davon ab, ihre Klasse zu unterrichten.

Mit einem Brief an alle Eltern in ihren Ranzen verlassen die Kinder zur Mittagszeit die Schule. Viele werden abgeholt. Die Sekretärin hat sämtliche Telefonketten aktiviert. Alle anderen bilden Gruppen, die jedoch von Häuserblock zu Häuserblock kleiner werden.

Die Gruppe um Leo war zu Beginn sieben Kinder stark. Als drei ältere Schüler um eine Ecke biegen und ihnen entgegenkommen, ist das Häufchen bereits auf Pia, Oskar, Wolfram, Ilona und Leo selbst zusammengeschrumpft. Schulter an Schulter laufen die großen Jungen auf die Kinder zu.

„Sind sie das?", wendet sich Pia flüsternd an ihren Freund.

Leo zögert. „Ich glaube nicht." Sein Bruder hat ihm die Erpresser so genau wie möglich beschrieben. Aber sicher ist sich Leo keinesfalls. „Kuckt nicht dauernd auf mich. – Sonst denken die, ich hätte sie verpfiffen."

„Wenn sie es doch gar nicht sind", sagt Ilona.

„Ich weiß es eben nicht", zischt Leo zwischen den Zähnen hindurch.

Angespannt schleichen die Drittklässler weiter. Die älteren Jungen unterhalten sich. Sie lachen und scherzen. Noch zwanzig Meter, dann noch fünfzehn. Sie kommen näher und näher. Auch Leo, Pia, Oskar, Wolfram und Ilona gehen weiter. Der Gehweg ist nie und nimmer breit genug für alle. Die fünf Drittklässler reihen sich hintereinander ein. Allen voran geht Wolfram, dann kommen Oskar, Pia, Leo und Ilona. Sie wagen kaum zu atmen. Die Großen marschieren weiterhin in breiter Front nebeneinander. Von der Hauswand bis zum Bordstein nehmen sie fast den ganzen Gehweg in Anspruch. Noch fünf Meter, vier, drei, zwei … Plötzlich öffnen die drei Jungen eine Lücke. Ohne die Entgegenkommenden auch nur eines Blickes zu würdigen, lassen sie die Gruppe der Grundschüler durch.

Wolfram, Oskar, Pia, Leo und Ilona atmen erleichtert auf, versuchen die Anspannung abzuschütteln. Doch das will ihnen nicht gelingen.

Denn schon im nächsten Augenblick hören sie schnelle, laute Schritte hinter sich. Machen sich die Erpresser etwa einen Spaß daraus, ihre Opfer zunächst in Sicherheit zu wiegen, um sie dann von hinten zu überfallen? Ohne sich umzudrehen, rennen die fünf los. Die Verfolger bleiben ihnen aber dicht auf den Fersen.

Als Pia einen kurzen Blick nach hinten riskiert, schaut sie in vertraute Gesichter. Laut rufend und wild gestikulierend nähern sich Ulli und Ralf der Gruppe.

„Halt!“, ruft Pia und bereitet der Verfolgungsjagd ein Ende.

„Wollt ihr Fangen spielen oder was?“, stößt Ulli atemlos hervor.

„Wieso bleibt ihr nicht stehen, wenn wir euch rufen?“, fragt Ralf.

„Wir dachten, es wäre jemand anderes.“ – „Ich hab euch nicht rufen gehört“, antworten Wolfram und Oskar gleichzeitig und klingen beide ein wenig verlegen.

„Ihr ahnt nicht, was passiert ist“, sagt Ulli.

„Aber ihr werdet es uns garantiert erzählen“, erwidert Ilona.

„Putzig ist vor ein Auto gerannt und angefahren worden“, sagt Ralf.

„Was?“, fragen Leo, Oskar, Pia, Wolfram und Ilona wie aus einem Mund.

„Ihr habt richtig gehört“, sagt Ulli. „Putzig muss beobachtet haben, wie die Bande in Aktion treten wollte. Es heißt, sie waren zu dritt.“

„Und sie wollten wieder einen aus der Ersten in die Mangel nehmen“, ergänzt Ralf.

Abwechselnd erzählen die beiden weiter. Die Blicke der fünf Zuhörer gehen hin und her wie beim Publikum eines Tennisspiels.

„Plötzlich schießt Putzig wie ein Blitz aus heiterem Himmel über die Straße“, sagt Ulli.

„Ihr kennt ihn ja, wenn er erst mal in Fahrt ist.“

„Dann hört und sieht er nichts mehr.“

„Nicht einmal Autos.“

„Putzig also mit vollem Karacho auf die Straße.“

„Bremsen quietschen.“

„Ich hör ihn noch schreien und dann …“

„… rumms!“

Pia ist mittlerweile kreidebleich. „Ist er tot?“

„Nein, aber verletzt hat er sich wohl“, antwortet Ulli. „Keine Ahnung, wie schlimm. Es waren sofort jede Menge Leute um ihn rum. Ralf und ich sind aber erst mal hinter der Bande her.“

„Spinnt ihr?“, fragt Ilona fassungslos.

Ulli winkt ab. „Keine Sorge, wir waren vorsichtig. Leider haben wir sie schnell aus den Augen verloren.“

„Könnt ihr sie trotzdem beschreiben?“, fragt Oskar.

Ulli nickt. „Ich denke schon. Als wir zurückkamen, standen noch mehr Leute um Putzig herum und der Krankenwagen war auch schon da. Bevor sie ihn eingeladen haben, hat er aber noch was von verhaften und einsperren gezetert.“

„Mächtig gestöhnt hat er auch“, ergänzt Ralf.

„Ich gönn ihm ja vieles“, sagt Ilona, „aber bestimmt nicht, dass ihm so was Schlimmes zustößt.“

„Der wird schon wieder“, sagt Oskar nach langem Schweigen.

„Bestimmt“, meint Wolfram.

Ulli nickt. „Unkraut vergeht nicht.“

„Mensch, Ulli“, tadelt ihn Ilona. „Mach jetzt keine Witze.“

„Wieso?“, fragt Ulli unschuldig. „Ich meine das ernst. Oder glaubst du, ich würde ihm so was wünschen?“

Erschüttert gehen sie nach Hause. Keines der Kinder hat so richtig begriffen, was an diesem Vormittag alles passiert ist.

6. Kapitel

Geschenkideen

„Wenn man mal einen Tag nicht da ist“, sagt Frau Besenbinder, nachdem ihr die Kinder bis in alle Einzelheiten berichtet haben, was sich während ihrer Abwesenheit alles ereignet hat. Die Klasse sitzt im Stuhlkreis, um über die Vorkommnisse zu reden. Mit gekrauster Stirn wendet sich Besi zunächst an Leo: „Warum erzählst du mir denn nichts, Leo? Packst dir stillschweigend so ein dickes Sorgenbündel auf die Schultern?“

Leo blickt zu Boden. „Es hat ja ganz harmlos angefangen. Lars hat mich gefragt, ob ich ihm was leihen kann. Dass ihn die Typen erpressen, weiß ich doch auch erst, seit mein Taschengeld alle ist und ich ihm was aus unserer Kasse geliehen habe. – Außerdem …“ Leo zögert.

„Ja?“, fragt Frau Besenbinder.

„Na ja. Ich hab Lars schwören müssen, nichts zu sagen. Weil er Angst hat, dass sie ihn verprügeln.“ Endlich hebt Leo den Blick. „Und Sie haben sich so viel um Ihre Wohnung kümmern müssen.“

„Hm, den Schuh muss ich mir wohl anziehen“, sagt Besi mit einem Seufzer. „Sehr viel Zeit hatte ich tatsächlich nicht.“

„So mein ich das nicht“, widerspricht Leo. „Das soll jetzt wirklich keine Ausrede sein. Für gestern hatte ich mir fest vorgenommen, Ihnen alles zu sagen. Aber dann kamen nicht Sie, sondern Herr Dieckmann, der uns von Tom erzählte. Also wurde wieder nichts daraus.“ Er schüttelt den Kopf. „Frau Schmidt-Pöhlmann würde ich so etwas nämlich nie im Leben erzählen. Ach, ist ja egal. Hauptsache, Lars darf bis Montag zu Hause bleiben.“

Mit Frau Cramer hat Frau Besenbinder bereits telefoniert. Leos Mama hat sich sofort bereit erklärt, das Geld aus der Klassenkasse zu ersetzen. Das finden alle toll und Leo kann endlich die Auslagen für Besis Geschenk bezahlen.

„Es ist egal, ob ihr von solchen Überfällen nur hört oder ob ihr selbst betroffen seid“, sagt die Lehrerin abschließend, „in Zukunft erzählt ihr mir davon. Und wenn jemand einen Täter identifizieren kann, hat das überhaupt nichts mit petzen oder verpfeifen zu tun.“ Besi blickt aufmunternd in die Runde. Die Kinder nicken.

„Soll ich die Kasse eigentlich weiterführen?“, fragt Leo nach längerem Schweigen und erntet von allen Seiten überraschte und verständnislose Blicke.

„Wieso denn nicht?“, antwortet Corinna. Sie wendet sich an Frau Besenbinder: „Weiß man eigentlich schon, wie es Putz…, ich meine, wie es Herrn Pelzig geht?“

„Herr Dieckmann hat sich bei der Stationsschwester nach ihm erkundigt“, antwortet Frau Besenbinder. „Ein gebrochenes Bein, drei angeknackste Rippen und eine leichte Gehirnerschütterung. Es ist fast ein Wunder, dass ihm nicht mehr passiert ist.“ Ein Schmunzeln huscht über Besis Gesicht. „Es heißt, er würde bereits wieder schimpfen und das Krankenhauspersonal hätte es nicht leicht mit ihm.“

Das können sich die Kinder nur zu gut vorstellen.

Es klopft. Frau Weiß bittet Ralf und Ulli in Herrn Dieckmanns Büro. Die Polizei möchte die beiden als Unfallzeugen befragen. Mit erhobenen Häuptern stolzieren sie aus dem Klassenzimmer. So wichtig haben sie sich in ihrem Leben selten gefühlt.

„Sollen wir Putzig im Krankenhaus besuchen?“, fragt Ilona, als die beiden draußen sind.

„Spinnst du?“ – „Den besuchen?“ – „Gute Idee!“ – „Du hast sie wohl nicht alle!“ – „Warum nicht?“, geht es durcheinander.

„Das wäre eine wirklich sehr schöne Geste von euch“, antwortet Frau Besenbinder.

„Immerhin ist er für einen Erstklässler vors Auto gerannt“, sagt Katharina.

Eleonore nickt. „Das hätte ich ihm nie zugetraut.“

„Dass er es mit einem Auto aufnimmt?“, fragt Anton.

„Quatsch“, antwortet Eleonore. „Dass er einem von uns helfen will.“

„Okay, wer kommt mit?“, fordert Ilona eine Entscheidung. Katharina und Naomi melden sich. „Und was ist mit den Jungs?“, fragt Ilona. Wolfram und Qadir erklären sich bereit. „Fünf reichen. Sonst kriegt er gleich wieder die Krise. Bringen wir ihm was mit?“

„Blumen?“, schlägt Naomi vor.

„Wie wär's mit einem Kaktus?“, ruft Zacharias.

Ein paar fallen fast vom Stuhl vor Lachen. Andere finden seinen Einwurf doof. Die Kinder einigen sich auf eine Tüte Obst. Für allerhöchstens fünf Euro!

„Dann ist die Kasse endgültig leer“, stellt Leo fest.

Frau Besenbinder schaut überrascht. „Deine Mutter füllt die Kasse doch wieder auf.“

Man kann förmlich sehen, wie es nach Besis Einwand in den Köpfen der Kinder arbeitet. Fieberhaft wird überlegt, wie man die Lehrerin davon abhalten kann weiterzufragen. Sie darf auf keinen Fall Verdacht schöpfen, dass das Geld wegen ihres Umzugsgeschenks bereits ausgegeben oder zumindest verplant ist.

„Wir haben uns überlegt“, ergreift Katharina das Wort, „dass wir Tom die geklauten Sachen aus seinem Schulranzen gerne ersetzen würden.“

Frau Besenbinder schlägt die Hände zusammen. „Ihr seid total klasse!“, ruft sie begeistert. „Da leg ich glatt einen Fünfer drauf.“ Sie angelt den Geldbeutel aus ihrer Tasche und gibt Leo einen Fünfeuroschein.

Fast widerwillig nimmt er das Geld entgegen. Nach den vielen Lügen und Heimlichkeiten wegen Lars hat er keine Lust mehr auf Schwindeleien. Aber was soll er machen? Wenn er Katharinas Notlüge aufdeckt, bekommt Besi am Ende doch noch raus, dass es um ein Geschenk für sie geht.

Der Pausengong erlöst Leo schließlich. Dafür wird Katharina, kaum dass Frau Besenbinder aus dem Zimmer gehumpelt ist, von allen Seiten mit Vorwürfen überhäuft.

„Das ist mir eben so eingefallen“, rechtfertigt sie sich sauer. „Mir wäre es auch lieber gewesen, wenn mir jemand mit einer besseren Idee zuvorgekommen wäre.“

„Auf alle Fälle müssen wir Tom nun wirklich etwas geben“, stellt Leo sachlich fest. „Sonst schöpft sie Verdacht.“

„Ich frag meine Eltern“, sagt Katharina missmutig. „Wer weiß, vielleicht übernehmen sie das.“

„Oder wir holen uns das Geld von denen zurück, die Tom und Lars beklaut haben“, schlägt Benno vor.

„Wie willst du das anstellen?“, fragt Oskar.

Benno blickt vielsagend zu Anton, Zacharias und Dragan, die etwas abseits in einer Ecke des

Klassenzimmers stehen und sich leise unterhalten. Dann sagt er: „Ulli und Ralf haben uns die Täter vorhin doch ziemlich gut beschrieben, oder?“

„Was habt ihr vor?", fragt Ilona.

Zacharias hat mitbekommen, worum es geht, und schlendert mit überlegener Miene nach vorn. „Das will keiner von euch wissen", mimt er den großen Geheimniskrämer. „Geht ihr mal ruhig zu Putzig ins Krankenhaus und haltet Händchen am Bett. Wir kümmern uns um die wichtigen Sachen."

Zu Leos Erleichterung fragt Frau Besenbinder in der nächsten Stunde nicht noch einmal nach. Sie informiert die 3a darüber, was vonseiten der Schule unternommen wird: „Zunächst haben wir Anzeige gegen Unbekannt erstattet."

„Und wenn man die Täter schnappt?", fragt Ulli.

„Dann entscheiden Jugendrichter darüber, wie sie bestraft werden", antwortet Besi.

„Kommen die ins Gefängnis?", fragt Ilona.

„Je nachdem", antwortet die Lehrerin. „Wenn sie das erste Mal vor einem Richter stehen und einsichtig sind, werden sie vermutlich mit einem Arbeitsdienst davonkommen. Wenn sie schon mehrfach auffällig geworden sind, gibt es härtere Strafen. Sie können einen Schulverweis bekommen oder sie müssen jeden Nachmittag in einem

Hort verbringen. Oder sie werden ganztägig betreut. In richtig harten Fällen wird den Eltern das Sorgerecht entzogen oder sie kommen sogar in Jugendarrest."

„Puh", macht Ilona. „Ganz schön streng."

Qadir dagegen ist mit so einem Strafmaß einverstanden. „Wieso streng? Die haben Kinder überfallen und ausgeraubt."

Nach der Schule fragt Frederike, wer ihr hilft, die heute mitgebrachten Besen nach Hause zu schaffen. Ullis Schneebesen ist klein und handlich, Ralfs Mitbringsel dagegen ist vor allem eins: sperrig. Sein Vater ist Schornsteinfeger und hat einen alten Schornsteinfegerbesen spendiert.

„Wirst schon nicht zusammenbrechen", sagt Zacharias.

„Immerhin wohne ich am weitesten weg und bin auf dem Heimweg die Letzte", beklagt sich Frederike weiter.

„Du bist doch immer die Letzte", lästert Zacharias. „Außerdem will von dir sowieso niemand etwas wissen."

Qadir ignoriert den fiesen Einwand seines Mitschülers. „Ich kann dich bringen", bietet er Frederike an. „Ist kaum ein Umweg."

„Ich komme auch mit und helfe dir tragen", sagt Oskar.

Frederike atmet erleichtert auf.

Ehe sie gruppenweise das Schulgelände verlassen, verabreden sich Ilona, Wolfram, Qadir, Katharina und Naomi für 15.00 Uhr vor dem Haupteingang des Krankenhauses. Dass Anton, Zacharias, Benno und Dragan ebenfalls gemeinsam aufbrechen, obwohl sie eigentlich gar nicht denselben Weg haben, fällt niemandem auf.

7. Kapitel

Gewalt gegen Gewalt

Anton, Zacharias, Benno und Dragan steuern zielstrebig den Spielplatz an, vor dessen Eingang die Erpresser schon mehrmals Opfern aufgelauert haben. Von Leo wissen die vier Möchtegern-Geheimagenten aus der 3a, dass auch Lars vor über drei Wochen hier zum ersten Mal überfallen wurde. Sie verstecken sich im Gebüsch und warten.

Nach etwa einer halben Stunde ist es mit Dragans Geduld vorbei. „Da passiert heute nichts mehr. Die haben spitzgekriegt, dass alle aus unserer Schule vorsichtig sind."

„Du gibst viel zu schnell auf, Alter", erwidert Anton.

„Noch zehn Minuten", bestimmt Zacharias.

Schon im nächsten Moment biegt ein älterer Junge um die Ecke. Er ist nicht sehr groß. Trotzdem könnte er durchaus die sechste oder siebte Klasse besuchen. Die vier im Gebüsch mustern ihn gründlich. Die schwarze Wollmütze passt auf die von Ulli und Ralf gegebene Beschreibung.

Dazu der dunkle Anorak, weite Jeans und weiße Turnschuhe.

„Das ist einer von ihnen“, raunt Zacharias.

„Ist der nicht viel zu klein?“, fragt Dragan.

„Blödsinn“, erwidert Zacharias. „Den schnappen wir uns.“

„Rache ist Blutwurst“, flüstert Anton.

„Auf mein Kommando“, sagt Zacharias. Er wartet, bis der Junge auf ihrer Höhe ist. „Los!“

Zu viert springen sie aus dem Gebüsch. Anton packt ihn am linken Arm, Benno am rechten, Dragan tritt ihm von hinten in die Kniekehlen. Ruck, zuck sackt der Junge auf dem Gehweg zusammen. Seine Widersacher zerren ihn nach hinten und halten ihn unten. Zacharias setzt sich auf seine Brust, schon ist er überwältigt.

„Jetzt hast du Schiss, was?“, höhnt Zacharias.

„Was wollt ihr?“, fragt der Unterlegene. Die Angst steht ihm ins Gesicht geschrieben.

„Das weißt du ganz genau“, fährt Zacharias ihn an.

Der Junge versucht sich freizustrampeln. Da Dragan jedoch inzwischen auch noch seine Fußgelenke umklammert, hat er keine Chance.

Zacharias schüttelt mitleidig den Kopf. „Da will

aber einer mächtig stark sein“, spottet er. „Wie heißt du?“

„Was geht dich das an?“

Zacharias packt ihn mit einer Hand am Kragen. „Wie du heißt, wollen wir wissen.“

„Dirk.“

„Dirk“, wiederholt Zacharias und wendet sich grinsend an seine Mitstreiter. „Ist Dirk nicht ein richtiger Scheißname?“ Dann schreit er ihn an: „Und wie heißen die anderen Ratten?“

„Welche anderen?“, fragt Dirk verzweifelt. „Was wollt ihr?“

Zacharias holt aus.

„He, lass mal gut sein“, sagt Dragan.

Zacharias scheint ihn nicht einmal zu hören. „Rück endlich raus damit. Wer gehört noch zu deiner Bande?“

„Ich hab keine Ahnung, wovon du redest“, jammert Dirk.

Bevor Zacharias zuschlagen kann, umklammert jemand sein Handgelenk. „He! Was soll das?“, braust Zacharias auf – und sieht sich zu seiner Überraschung einer Polizistin gegenüber. Innerhalb von Sekunden sind alle fünf Jungen auf den Beinen.

„Das ging ja flott. Und jetzt erzählt ihr mir mal, was hier los ist", sagt die Polizistin in erstaunlich ruhigem Ton.

Noch immer fest davon überzeugt, das Richtige getan zu haben, ergreift Zacharias das Wort: „Wir haben einen von ihnen geschnappt. Sie können ihn mitnehmen."

„Was erzählst du eigentlich für einen Mist?", schnauzt Dirk ihn an. Er wendet sich an die Polizistin: „Die vier haben mich überfallen und festgehalten."

„Und du hast vorher nichts getan?", fragt die Polizistin weiterhin freundlich.

„Nein, überhaupt nichts", antwortet Dirk fast verzweifelt.

„Aufs Revier?", fragt die Polizistin ihren Kollegen, der hinter den Jungen neben einem Streifenwagen steht. Mit einer kaum sichtbaren Kopfbewegung gibt er zu verstehen, dass er einverstanden ist. „Ihr kommt kurz mit auf die Wache, damit wir aufnehmen können, was passiert ist."

Benno wird allmählich mulmig. „Nehmen Sie uns fest?"

„Eine Festnahme würde ich das nicht nennen", antwortet die Polizistin. „Wir wollen nur genau von euch wissen, was los war. Man hat euch doch sicher mitgeteilt, dass hier in der Gegend eine Erpresserbande Grundschüler bedroht. Deshalb fahren wir verstärkt Streife und halten die Augen offen. Sobald ihr uns erzählt habt, was los war, könnt ihr nach Hause."

„Aber genau darum geht es doch die ganze Zeit!" Zacharias zeigt auf Dirk. „Das ist einer von diesen Typen."

„Der spinnt!", ruft Dirk fassungslos. „Wer hat denn hier wen überfallen?"

„Kommt einfach mit", sagt die Polizistin. „Das Revier ist gleich um die Ecke."

„Was soll ich da?", fragt Zacharias sauer.

Benno, Dragan und Anton geben Zacharias zu verstehen, dass er sich zurückhalten soll. Sie wollen die Geduld der Polizistin nicht überstrapazieren. Dass sie sich den Ton, den Zacharias anschlägt, überhaupt gefallen lässt, ist erstaunlich genug.

„Wie lange dauert das denn?", fragt Benno. „Ich müsste meine Eltern anrufen."

„Kein Problem, das machen wir alles vom Revier aus."

„Dann ruf ich meinen Vater an", sagt Zacharias. „Und der benachrichtigt unseren Anwalt."

Kurze Zeit später stellt sich heraus, dass Herr Quast keineswegs den Anwalt benachrichtigt. Vielmehr erscheint er nach dem Anruf seines Sohnes innerhalb weniger Minuten höchstpersönlich auf dem Polizeirevier. Mit finsterer Miene hört er sich an, was die Jungen zu Protokoll geben.

Schnell wird deutlich, dass der Überfallene nicht im Entferntesten etwas mit den Erpressern zu tun hat. Im Gegenteil – er ist der Bande bereits selbst zum Opfer gefallen.

Dragan, Anton und Benno dämmert allmählich, dass sie Mist gebaut haben. Ohne dass es einer Aufforderung bedarf, steht Dragan auf, geht zu Dirk und reicht ihm die Hand. „Entschuldige."

Anton und Benno tun es ihm gleich. Nur Zacharias bleibt mit trotzig verschränkten Armen sitzen. Erst als sein Vater ihn verärgert anschnauzt, quält er sich vom Stuhl und hält Dirk wortlos die Hand entgegen.

„Komm du mir nach Hause", droht Herr Quast seinem Sohn. Er wendet sich an die Polizistin. „Und Sie schnappen gefälligst diese Bande. Ist ja unerträglich, dass unsere Kinder nicht mal mehr sicher zur Schule gehen können."

Nachdem sie die ganze Zeit ausgesprochen freundlich geblieben ist, antwortet die Polizistin nun mit strenger Miene: „In diesem Punkt bin ich ganz Ihrer Meinung. Unsere Kinder sollen keine Angst vor Überfällen haben müssen." Sie wirft einen Blick auf Zacharias, ehe sie sich wieder an dessen Vater wendet. „Zu Hause können Sie mit Ihrem Sohn ja mal über Gewalt und Gegengewalt reden. Oder auch über die Vorbildfunktion von Eltern."

„Passen Sie auf, was Sie sagen", erwidert Herr Quast beinahe drohend. Er packt Zacharias am Handgelenk und zieht ihn hinter sich her.

Kaum sind die beiden draußen, findet die Polizistin nach einem kleinen Seufzer ihr Lächeln wieder. „Und wir fahren jetzt eine Runde Streifenwagen und laden einen nach dem anderen zu Hause ab."

„Nicht nötig", sagt Dirk. „Ich wohne doch gleich hinter dem Spielplatz."

Die Polizistin drückt ihm eine Visitenkarte in die Hand. „Bitte sprich mit deinen Eltern über die Vorfälle. Ihr könnt durchaus Anzeige erstatten. Wenn ihr Fragen habt, ruft mich an oder kommt vorbei."

An jedem anderen Tag fänden Dragan, Anton und Benno es klasse, in einem Streifenwagen bis vor die Haustür gebracht zu werden. Heute ist ihnen dabei allerdings mulmig zumute. Keiner der drei weiß, was ihn hinter seiner Haustür erwartet.

8. Kapitel

Größe zeigen

Auch Ilona, Wolfram, Qadir, Katharina und Naomi fühlen sich nicht ganz wohl in ihrer Haut, als sie sich um drei Uhr nachmittags vor dem Haupteingang des Krankenhauses treffen. Worauf haben sie sich da nur eingelassen?

„Ist eigentlich eine Quatschidee“, sagt Wolfram.

„Danke, sehr freundlich“, sagt Ilona. Immerhin ist die Idee mit dem Besuch im Krankenhaus auf ihrem Mist gewachsen. „Stell dich nicht so an. Immerhin sind wir fünf gegen einen.“

„Wenn es stimmt, dass er ein Gipsbein hat“, sagt Qadir, „kann er auch nicht hinter uns herrennen.“

Sie fragen an der Pforte nach Herrn Pelzigs Zimmernummer. Kurz darauf klopfen sie an seine Tür, wie es sich gehört. Keine Antwort. Katharina drückt die Klinke und linst durch einen Türspalt ins Zimmer. „Er schläft.“

Der Hausmeister liegt mit einem Kopfverband und einem hochgelagerten Bein im Bett. Zwei weitere Betten sind im Augenblick zwar leer, aber offenbar belegt. Die Kinder drängen sich gegenseitig ins Zimmer.

„Wir stellen das Obst auf seinen Nachtschrank und hauen wieder ab", flüstert Wolfram.

„Feigling", sagt Qadir.

„Meint ihr wirklich, dass es gut ist, wenn er aus dem Schlaf schreckt und wir vor ihm stehen?", meint Naomi.

„Hast du Angst, er kriegt einen Herzinfarkt?", fragt Ilona.

„Nein, woher denn", erwidert Naomi flüsternd. „Aber ich hab ihn einfach schon oft genug brüllen gehört."

Auf Zehenspitzen nähern sie sich dem Bett. Schlafend sieht der Hausmeister eigentlich ganz friedlich aus.

„Herr Putzig", sagt Wolfram leise.

Katharina fasst sich verzweifelt an den Kopf. Mit den Lippen formt sie den richtigen Namen des Hausmeisters. Wolfram wird rot wie ein Feuermelder. Doch wie es scheint, hat ihn der Schlafende nicht gehört.

Qadir fasst ihn sanft am Arm. „Herr Pelzig? Hören Sie uns?"

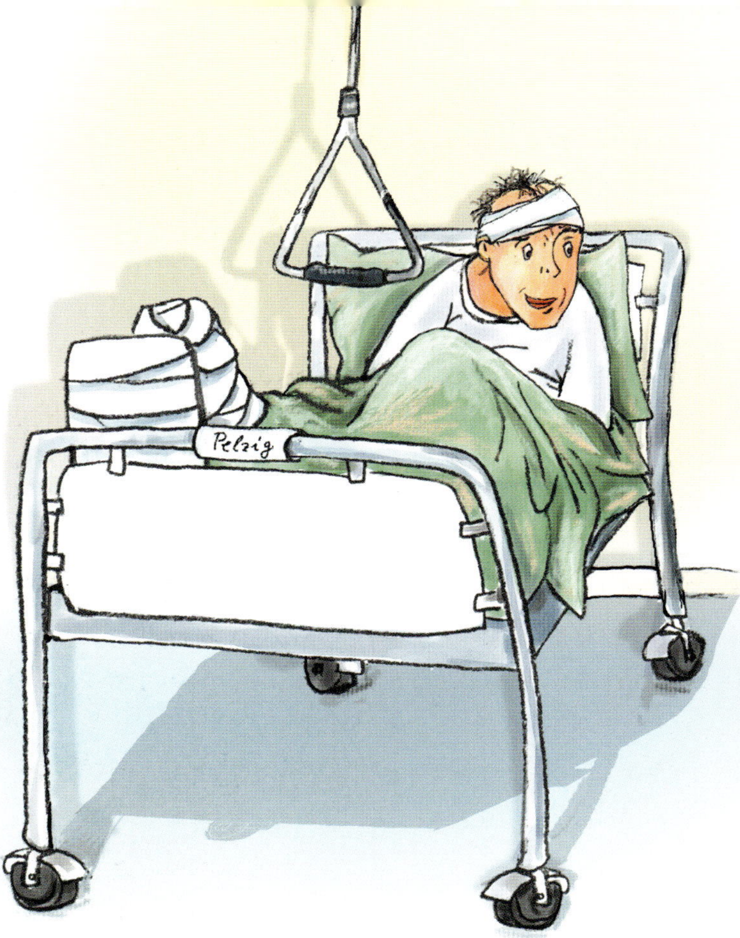

„Was'n los?", schreckt er auf. Verwirrt blickt er um sich, sieht die Kinder und scheint seinen Augen nicht zu trauen. Er stützt sich auf die Ellbogen. „Au!", stößt er mit schmerzverzerrtem

Gesicht hervor und schiebt sich im Bett ein Stück höher. „Was? Wie?“, stammelt er weiter. „Wo kommt ihr denn her? Wieso seid ihr nicht in der Schule?“

„Doch nicht am Nachmittag, Herr Pelzig. Wir haben gedacht, wir besuchen Sie mal“, sagt Ilona freundlich. „Ist ja meistens ziemlich langweilig im Krankenhaus. So ganz allein. Wir möchten Ihnen schöne Grüße von der 3a ausrichten und Ihnen gute Besserung wünschen.“

Der Hausmeister betrachtet die Kinder noch immer, als hätte er es mit Wesen von einem anderen Stern zu tun. „Hm, schön, ja, nett von euch. Bin noch ein wenig müde.“

Wolfram nickt verständnisvoll. „Klar, nach einer Operation.“

„Unsinn“, erwidert der Hausmeister gewohnt ruppig. „Hatte nur eine schlechte Nacht. Die beiden veranstalten einen Lärm wie fünfzig Waldarbeiter.“ Er blickt finster auf die benachbarten Betten.

„Wieso? Was machen die denn?“, fragt Naomi.

Putzig verdreht die Augen. „Sie schnarchen! Was denn sonst?“

„Ach“, meint Naomi.

Eine peinliche Stille tritt ein. Die Kinder wissen nicht, was sie sagen sollen. Ilona hat noch immer die Obsttüte in der Hand und fragt sich, mit welchen Worten sie die kleine Aufmerksamkeit überreichen könnte.

Putzig scheint in der Tat furchtbar müde zu sein. Nur mit Mühe kann er die Augen offen halten. Seine Lider sinken ganz langsam nach unten. Unvermittelt zuckt er wieder hoch, stöhnt, fasst sich an die Rippen. Die Kinder weichen zurück. Putzig räuspert sich, fährt mit der Hand über sein Gesicht und reckt sich ächzend nach dem Nachtschrank. „Wenn ihr schon hier seid, könnt ihr was für mich erledigen." Umständlich ruckelt er die Schublade auf.

„Soll ich helfen?", fragt Qadir.

„Geht schon. Meine Frau …", fängt Putzig an und verdreht die Augen zur Decke – ob es wegen der Schmerzen oder wegen seiner Frau ist, weiß nur er allein, „… hat den Fotoapparat hiergelassen." Er hält den Kindern eine kleine Kamera entgegen, deren Gehäuse mehrere Kratzer aufweist. „Ich sag ihr noch, sie soll dran denken, wenn sie geht. Aber nein! Sie lässt ihn liegen. – Nun nimm ihn schon einer."

Qadir steht am nächsten und lässt sich die Kamera in die Hand drücken. „Wir bringen ihn Ihrer Frau."

„Nein, ihr gebt den Film selbst ab", erwidert Putzig. „Aber geht bloß nicht in so einen teuren Laden. Kleine Abzüge genügen. Und die bringt ihr eurem Schulleiter."

„Herrn Dieckmann? Wieso das denn?", fragt Ilona.

„Nicht fragen, einfach machen", sagt Putzig und beugt sich noch einmal stöhnend über seine Nachttischschublade. „Jetzt hat sie mir nicht mal Geld dagelassen", beschwert er sich über seine Frau.

„Wir können das auslegen", schlägt Wolfram vor.

Katharina kneift ihn in den Rücken. Sie kann nicht verstehen, wie er darauf kommt, dem Hausmeister so ein Angebot zu machen.

Aber Wolfram lässt sich nicht beirren: „Ist wirklich kein Problem, Herr Pelzig. Wenn es so wichtig ist."

„Gut, den Kassenbeleg bringt ihr meiner Frau." Er denkt einen Moment nach. „Nein, ihr fragt Herrn Dieckmann nach dem Geld. Schließlich geht es um die Schule."

„Machen wir“, sagt Wolfram.

„Und jetzt brauch ich meine Ruhe“, gibt er den Kindern klar zu verstehen, dass sie verschwinden sollen.

Im selben Augenblick geht die Tür auf. Zwei ältere Herren in gestreiften Bademänteln schlurfen ins Zimmer. Vermutlich die beiden Schnarcher. Jeder schiebt ein Gestell neben sich her, an dem umgekehrte Glasflaschen mit Schläuchen baumeln.

„Na, Gerold?“, wendet sich der eine an den Hausmeister, „Besuch von deiner Räuberbande?“

„So schlimm sehen die aber gar nicht aus“, meint der andere.

Die Kinder machen, dass sie rauskommen. Erst an der Tür fällt Ilona das mitgebrachte Obst wieder ein, das sie immer noch mit sich herumträgt. Sie kehrt um und legt Putzig die Tüte aufs Bett. „Mit lieben Grüßen vom Rest der Räuberbande.“

Putzig blickt auf die Obsttüte. Dann auf Ilona. Er schluckt und sagt kaum hörbar: „Danke.“

„Bitte“, erwidert Ilona knapp und eilt hinaus auf den Flur.

„Wieso hast du ihm die Tüte doch noch gegeben?“, fragt Katharina draußen.

„Wieso nicht?"

„Weil er sie nicht verdient hat", antwortet Katharina sauer.

„Du warst schon an der Tür. Du hättest sie auch behalten können", wird Katharina von Naomi unterstützt. „Echt unverschämt, diesen Schnarchern zu erzählen, wir wären Räuber."

Ilona zuckt mit den Schultern. „Wahre Größe ist, wenn man auf Unverschämtheiten nicht eingeht."

„Wo hast du denn den Spruch aufgeschnappt?", fragt Qadir.

„Hat Besi mal gesagt", erwidert Ilona.

„Jedenfalls scheint er mit seiner Frau genauso umzugehen wie mit uns", sagt Wolfram.

„Die Ärmste", meint Naomi.

Ilona wiegt zweifelnd den Kopf. „Weiß nicht – meine Mama würde sich so was erst gar nicht gefallen lassen."

„Wieso sind Putzig die Bilder eigentlich so wichtig?", fragt Katharina auf dem Weg in die Fußgängerzone.

„Und weshalb sollen wir sie ausgerechnet Herrn Dieckmann bringen?", stellt Wolfram die nächste Frage.

„Ich glaube, der Film ist noch nicht ganz voll", sagt Qadir. „Kommt, wir verknipsen ihn. Wäre doch schade drum."

„Wenn Putzig Geld dafür haben will, übernimmst du das", sagt Ilona.

„Hab dich nicht so", sagt Qadir. „Mach mal ein dummes Gesicht." Ilona zeigt ihm die Zunge. „Halt! Reicht schon. Das hält die beste Kamera nicht aus!" Qadir drückt auf den Auslöser. Es macht nicht einmal klack, da beginnt die Kamera schon, automatisch zurückzuspulen.

Das Fotogeschäft, in dem Wolfram auch den Film mit dem Klassenfoto für Besi abgegeben hat, wirbt im Schaufenster mit einer Schnellentwicklung: FILMABGABE VOR 16.00 UHR – ENTWICKLUNG BIS 18.00 UHR!

„Das hätten wir mit dem Klassenfoto für Besi auch machen sollen", sagt Ilona. „Dann wäre es längst fertig."

„Letzte Woche gab es diese Aktion aber noch nicht", rechtfertigt sich Wolfram.

„Warum hast du nicht wenigstens den 24-Stunden-Service genommen?", fragt Qadir.

Wolfram schnappt empört nach Luft. „Wenn es nach mir gegangen wäre, hätten wir das fertige

Bild längst gerahmt. Vielleicht erinnerst du dich, dass die Klasse dagegen war, den Film richtig entwickeln zu lassen. Nur wegen ein paar Euro. Jede Wette, dass wir auf den winzigen Minibildchen nicht mal erkennen können, ob die Aufnahmen überhaupt was taugen. Außerdem dauert es viel länger als bei normalen Bildern. Eine ganze Woche!"

„Hast du zufällig den Abholzettel dabei?", fragt Ilona.

Wolfram kramt in seiner Hosentasche. „Ja, ich soll aber erst morgen kommen."

„Wenn wir schon mal hier sind, können wir ja fragen", schlägt Ilona vor.

„Hört auf zu quatschen", sagt Naomi. „Es ist gleich 16.00 Uhr."

Die Verkäuferin hinter der Ladentheke nimmt Putzigs Film entgegen. „Das bekommen wir gerade noch hin." Sie beschriftet eine Auftragstüte. „In etwa einer Stunde könnt ihr die Bilder abholen."

Wolfram hält ihr den Kundenabschnitt für Besis Film hin. „Ist der vielleicht schon fertig?"

Sie durchsucht einen Riesenkasten voller Umschläge und fischt tatsächlich den Auftrag der 3a heraus. Wolfram bezahlt und lässt sich für die

Klassenkasse eine Quittung geben. Ungeduldig reißen sie noch im Laden die Tüte auf und ziehen den Bogen mit den Minibildchen heraus.

Ilona stöhnt. „Wie sollen wir darauf erkennen, welche Aufnahme etwas geworden ist?“ Alle 26 Kinder sind so klein wie Ameisen. Qadir fragt die Verkäuferin nach einer Lupe. Mithilfe des Vergrößerungsglases gelingt es ihnen im Lauf der nächsten Stunde, die sie ohnehin auf Putzigs Filmentwicklung warten müssen, zwei gute Aufnahmen herauszusuchen. Die übrigen 22 kann man vergessen: Mal blickt die Hälfte der Kinder zur Seite, mal gähnt jemand herzhaft oder hat die Augen geschlossen. Oder ein Großteil der Klasse schaut dämlich aus der Wäsche.

„Wann genau zieht denn Besi jetzt um?“, fragt Naomi.

„An einem der nächsten Wochenenden“, sagt Qadir.

„Dann lass uns lieber Nägel mit Köpfen machen und gleich heute bestellen“, sagt Naomi.

„Müssen wir nicht erst die anderen fragen?“, meint Wolfram unsicher.

„Die sehen doch auch nicht mehr als wir“, sagt Katharina.

„Na gut. Welches von den zweien?“, fragt Wolfram weiter.

„Beide“, antworten Naomi, Qadir, Ilona und Katharina im Chor.

„Ihr habt recht“, sagt Wolfram. „Schluss mit sparen.“ Entschlossen wendet er sich an die Verkäuferin: „Wir hätten gerne Abzüge von den Bildern Nummer 4 und 21. In 30 × 45 bitte.“

„Ein Geschenk?“, fragt die Verkäuferin.

Wolfram nickt. „Für unsere Lehrerin zum Umzug.“

„Ihr scheint sie ja sehr zu mögen“, sagt die Verkäuferin.

„Ja.“ – „Klar.“ – „Besi ist total klasse!“, bestätigen die Kinder vielstimmig.

„Wie wär’s, wenn ihr das Bild als Puzzle bestellt? Kostet allerdings 12,95 anstatt 4,99.“

Wolfram räuspert sich. „Hübsche Idee, aber so viel Geld haben wir nicht.“

Die Entwicklungszeit für das gewünschte Format beträgt weitere zehn Tage. Nur mit Glück wird das Geschenk für Besi tatsächlich noch bis zum Umzug fertig sein.

Auf einer Bank in der Fußgängerzone öffnet Ilona Putzigs Fototüte.

„Eigentlich soll man sich fremde Bilder nicht ansehen“, meint Naomi.

„Wer sagt das?“, fragt Qadir.

„Meine Mama“, antwortet Naomi.

Katharina kichert. „Wie gut, dass sie nicht hier ist.“

Die Kinder stecken die Köpfe zusammen. Ilona nimmt ein Bild nach dem andern vom Stapel und sortiert es nach hinten. „Weihnachten – Ostern – Weihnachten – Ostern. Seltsam, oder?“

Wolfram hat eine Erklärung: „Vermutlich steckt der Film schon seit mehr als zwei Jahren in der Kamera.“

Ilona sieht die Abzüge weiter durch. „Wieso ist Putzig der Film nach so langer Zeit mit einem Mal wichtig?“

„Moment“, sagt Wolfram etwa beim zwanzigsten Foto. „Das ist gegenüber unserer Schule aufgenommen. – Seht mal, die drei Jungs! Putzig muss sich vor dem Unfall auf die Lauer gelegt und Fotos gemacht haben.“

„Und als die drei Typen dem Kleinen zu nahe kamen, ist Putzig blindlings auf die Straße gerannt“, kombiniert Qadir weiter. Tatsächlich sind auch die nächsten drei Fotos gestern aufgenommen worden. Von Bild zu Bild wird die Situation für das Opfer bedrohlicher. Auf größeren Abzügen wird man die Täter garantiert identifizieren können. Nun ist den Kindern klar, weshalb sie die Bilder ausgerechnet dem Schulleiter übergeben sollen!

9. Kapitel

Gerechtigkeit

„Voll krass“, sagt Ulli, als er am nächsten Morgen bereits auf dem Schulweg von den Fotos des Hausmeisters erfährt. „Putzig hat sich auf die Lauer gelegt? – Erst macht er uns ständig die Hölle heiß und faltet uns wegen jeder Kleinigkeit zusammen und dann spielt er plötzlich Privatdetektiv. Wieso?“

„Weil er sich mit der Schule infiziert“, sagt Ralf.

„Das heißt identifiziert, du Träne“, korrigiert ihn Oskar. „Infiziert bedeutet, dass er sich angesteckt hat.“

„Ist doch auch egal“, sagt Ralf. „Hat er sich eben angesteckt.“

„Ach was. Der kann einfach nicht anders“, meint Oskar. „Der muss immer den Sheriff spielen.“

Der Schulleiter zeigt sich ebenfalls überrascht, als Katharina und Wolfram ihm vor der ersten Unterrichtsstunde die Bilder zeigen. Jetzt versteht auch er, wie es zu diesem Unfall kommen konnte.

„Irgendwie schade“, sagt Herr Dieckmann nachdenklich, „dass er sich ausgerechnet jetzt verändern möchte.“

„Wie?“, fragt Wolfram. „Will er jetzt netter werden, oder was?“

Der Schulleiter lacht. „Herr Pelzig will sich verändern“, sagt er mit Betonung auf der ersten Silbe. „Das heißt, dass er sich um einen anderen Arbeitsplatz bemüht. – Ändern wird er sich wohl kaum.“

„Und wer putzt dann unsere Schule?“, fragt Katharina.

Der Schulleiter lehnt sich zurück. „Tja, einen neuen Hausmeister wird sich die Schule nicht leisten können.“

„Aber das geht doch nicht“, sagt Wolfram fassungslos.

Herr Dieckmann zuckt mit den Schultern. „Vielleicht müsst ihr das übernehmen?“

Katharina bleibt der Mund offen stehen.

Herr Dieckmann lacht. „Ihr sollt nicht immer alles glauben“, sagt er augenzwinkernd. „Schon gar nicht eurem Schulleiter.“

Als Katharina und Wolfram wenig später den anderen von Putzigs Plänen erzählen, glaubt wiederum ihnen so gut wie niemand. Erst als Besi die Sache bestätigt, lässt sich der Rest der 3a vom Wahrheitsgehalt der Nachricht überzeugen.

„Sollen wir ihm auch was schenken?“, fragt Pia.

„Wieso auch?“, fragt Besi. „Wer soll denn noch beschenkt werden?“

Pia würde am liebsten im Boden versinken. Aus der Nummer kommt sie garantiert nicht mehr raus. Nun ist es ihre Schuld, wenn Besi frühzeitig von der Umzugsüberraschung erfährt.

„Dass wir Tom was schenken wollen, haben wir Ihnen doch schon erzählt“, antwortet Leo.

Was für eine Superausrede in letzter Sekunde! Pia würde ihrem Retter am liebsten um den Hals fallen. Aber das würde Frau Besenbinder nur von Neuem stutzig machen.

„Ach ja, stimmt“, sagt die Lehrerin. „Allerdings empfehle ich euch, mit dem Geschenk für euren Hausmeister noch ein wenig zu warten. Er hat schon oft erzählt, dass er die Schule verlassen will. Gemacht hat er es nie.“

„Vielleicht klappt es ja diesmal!“, ruft Ulli und erntet Zustimmung in der ganzen Klasse. Auch wenn sich der Hausmeister durch seine Aktion nun doch einmal für die Kinder eingesetzt hat,

wären die meisten den alten Grummbatz lieber heute als morgen los.

„Einen wichtigen Punkt hätten wir allerdings noch zu besprechen“, wendet sich die Lehrerin nun sehr ernst an die Klasse. „Selbst wenn wir davon ausgehen dürfen, dass mithilfe von Putzigs Schnappschüssen die Täter überführt werden, ist die Sache noch nicht aus der Welt. Die Gewalt der letzten Tage und Wochen wird uns noch einige Zeit beschäftigen. Und über einen Vorfall müssen wir natürlich besonders dringend reden.“

Zacharias weiß sofort, worauf die Lehrerin hinauswill. Er macht sich so klein, dass er beinahe vom Stuhl rutscht. Auch Anton, Benno und Dragan würden sich am liebsten für einige Zeit in Luft auflösen.

Besi wäre jedoch nicht Besi, wenn sie über die vier Jungen vor der ganzen Klasse ein Donnerwetter niedersausen ließe. Das ist nicht ihre Art. Andererseits macht sie durchaus deutlich, was sie von der gestrigen Rambo-Aktion ihrer Schüler hält. „Diese Form persönlicher Rache kommt hoffentlich nicht wieder vor. Habt ihr auch nur einen Moment darüber nachgedacht, was passiert wäre, wenn der Streifenwagen nicht genau zum richtigen Zeitpunkt durch diese Straße gefahren wäre?"

Die Angesprochenen starren stumm vor sich hin. Endlich hebt Anton den Blick. „Wir hätten einen Falschen verprügelt", sagt er leise.

Besi nickt. „Dass es ein Unschuldiger gewesen ist, kommt noch hinzu. Aber – wäre es wirklich etwas anderes gewesen, wenn es sich tatsächlich um einen der Täter gehandelt hätte? Er war allein. Wie viele wart ihr?"

„Vier", sagt Anton kleinlaut.

„Auch nicht fair, oder?“

„Zu dritt einen Erstklässler zu überfallen, ist aber genauso gemein“, sagt Xaver.

Frau Besenbinder nickt. „Meinst du, unsere vier Jungs haben vielleicht doch richtig gehandelt?“

„Nein, überhaupt nicht“, sagt Xaver. „Es ist nur beides gleich fies und bescheuert.“

Erneut nickt die Lehrerin. In der Klasse ist es still. Einer der seltenen Augenblicke, in dem man das Ticken der Wanduhr hört.

„Was passiert denn jetzt?“, bricht Ilona das Schweigen.

„Zunächst möchte ich die vier jungen Hilfssheriffs persönlich sprechen“, sagt Frau Besenbinder. „Kommt ihr in der Pause bitte zu mir?“

Anton, Dragan, Benno und Zacharias nicken schweigend.

„Danach begleite ich euch zu Herrn Dieckmann“, fährt Besi fort. „Wir haben darüber gesprochen, mit welchen Strafen die Täter für die Überfälle auf eure Mitschüler zu rechnen haben. Auch ihr habt für euren Überfall die Konsequenzen zu tragen.“

„Wie jetzt?“, fragt Oskar. „Sollen die etwa auch vor einen Richter?“

Besi schüttelt den Kopf. „Nein, Herr Dieckmann hat sich bei Dirk und seinen Eltern dafür eingesetzt, dass keine Anzeige erstattet wird. Sie sind zum Glück damit einverstanden."

Die vier geben sich Mühe, ihre Erleichterung nicht zu sehr zu zeigen.

„Ganz ungeschoren werdet ihr aber nicht davonkommen", sagt Besi in ihre Richtung, um sich dann wieder an die ganze Klasse zu wenden: „Heute Nachmittag treffen wir uns mit Lehrern anderer Schulen, um ein gemeinsames Vorgehen in der Sache zu planen. In den nächsten Wochen haben wir auf jeden Fall ein volles Programm. Es wird Elternabende geben. Wir werden in allen Klassen ein Streitschlichter- und ein Antigewalt-Training durchführen. Auch ein Kurs in Selbstverteidigung ist im Gespräch."

„Super!", ruft Benno – und ärgert sich im nächsten Moment, dass er seinen Mund nicht halten konnte.

Die Lehrerin lacht. „Selbstverteidigung, Benno", ermahnt sie ihn freundlich. „Nicht zu verwechseln mit Angriff!"

„Schon klar", sagt Benno kleinlaut. „Hab's kapiert."

Als es zur Pause gongt, bleiben alle sitzen. Ilona nutzt die Chance, um unauffällig in Erfahrung zu bringen, wann Besis Geschenke fertig sein müssen. „Wie schaffen Sie bei so viel Stress nur Ihren Umzug?“, fragt sie harmlos.

Die Lehrerin winkt ab. „Keine Ahnung.“ Sie blickt auf ihren Knöchel. „Mein Hinkefuß und die Erpresserbande haben meinen Zeitplan ordentlich durcheinandergebracht. Das muss jetzt alles mein Freund machen. An einem der nächsten Wochenenden wird es schon klappen.“

10. Kapitel

Gefasst

Tatsächlich können schon zu Beginn der folgenden Woche die drei Haupttäter der Bande mithilfe von Putzigs Bildern identifiziert werden. Schnell spricht sich herum, dass noch einige weitere Jungen und Mädchen in die Sache verwickelt sind. Mit welchen Strafen sie im Einzelnen zu rechnen haben, soll in Ruhe entschieden werden.

Obwohl sie die Bedrohung der vergangenen Tage und Wochen sicher nicht so schnell vergessen werden, treten für die Kinder wieder andere Dinge in den Vordergrund. Zum Beispiel Besis Umzugsgeschenke. Frederike rührt noch einmal kräftig die Werbetrommel für den Besenstrauß. Oskar und Wolfram kümmern sich um die Rahmung des Bildes. Und zu Frau Besenbinders großer Erleichterung gelingt es ihrem Freund tatsächlich, den Umzug wie geplant zum 1. des nächsten Monats abzuschließen.

In der neuen Wohnung steht noch lange nicht alles am vorgesehen Platz, als sich die gesamte

Klasse 3a mit den Geschenken bei Besi einfindet. Die Besucherschlange reicht über zwei Treppenabsätze bis zum Hauseingang.

Mit wilder Strubbelfrisur und einem Wischlappen in der Hand öffnet die Lehrerin den Kindern auf Ilonas Klingeln. „Herzlichen Glückwunsch zur neuen Wohnung!“, ruft die Klassensprecherin.

Sichtlich gerührt nimmt die Lehrerin das gerahmte Klassenfoto entgegen und betrachtet es ausführlich. „Mensch, Kinder, ist das lieb von euch“, sagt sie leise und lässt langsam den Rahmen sinken. Erst jetzt sieht sie auch den gigantischen Besenstrauß. Unwillkürlich weicht sie einen Schritt zurück. „Hilfe! Was ist das?“, fragt sie lachend.

„Ein Strauß für unsere Besi“, sagt Frederike.

Die Augen der Lehrerin füllen sich mit Tränen.

„Warum geht's nicht weiter?“, ruft Stefanie von unten.

„Besi weint“, informiert Katharina flüsternd den hinteren Teil der Schlange.

„Wieso denn?“, fragt Leo erschrocken. „Gefällt ihr der Strauß nicht?“

„Unsinn“, sagt Ulli. „Sie weint, gerade weil er ihr gefällt.“

„Du spinnst“, sagt Ralf.

„Nein“, entgegnet Ulli. „Erwachsene machen das so.“

Nachwort

Liebe Kinder,

solche oder ähnliche Erpressungsfälle gibt es an vielen Schulen. Oft trauen sich die Opfer nicht, sich an jemanden zu wenden. Der erste und wichtigste Schritt sollte jedoch immer sein, Hilfe zu suchen. Wenn ihr (oder auch eine Freundin oder ein Freund) nicht wisst, an wen ihr euch wenden sollt, könnt ihr unter der nachfolgenden Telefonnummer oder Internetadresse um Rat fragen. Die Menschen am anderen Ende werden eure Sorgen ernst nehmen und euch dabei unterstützen, das Problem zu lösen. Bittet lieber einmal zu viel als einmal zu wenig um Hilfe!

Alles Gute, eure Besi

Nummer gegen Kummer e.V.

- Kinder- und Jugendtelefon (anonym und kostenlos!): 116111
- www.nummergegenkummer.de

Leseprobe aus:

Werner Färber, Total klasse!
Die 3a unter Verdacht

Schulausgabe erschienen im
Hase und Igel Verlag, Garching bei München
ISBN 978-3-86760-083-5
Begleitmaterial für Lehrkräfte
ISBN 978-3-86760-383-6

Anton öffnet vorsichtig die Tür und wirft einen Blick in den Flur. „Beeilung, Putzig kann jeden Moment auftauchen“, raunt er Ulli und Jana zu. Anton meint den Hausmeister. Der heißt eigentlich Pelzig und ist mit Sicherheit nicht damit einverstanden, dass die drei gerade die Leiter aus der Putzkammer entführen. Aber ohne Leiter kommen sie nicht an den Deckenhaken. Die Klassenzimmer des alten Schulgebäudes sind über drei Meter hoch. Auf Zehenspitzen schleichen sie an Putzigs Glaskabine vorbei. Mit dem Hausmeister ist nicht gut Kirschen essen. Dass er Kinder nicht ausstehen kann, ist kein Geheimnis. Und gegen die von der 3a hat er eine ganz besondere Abneigung entwickelt.

Schon als sie um die Ecke biegen, hören Anton, Ulli und Jana, dass in ihrem Klassenzimmer am

Ende des Flurs das Leben tobt. Sie öffnen die Tür, der Lärm schwillt an. Die drei huschen ins Zimmer, um die Tür schnell wieder zu schließen.

Ein paar spielen Fangen über Tische und Stühle.

„Passt doch auf, wo ihr hintretet!“, schimpft Frederike. Beinahe hätte einer ihr Pausenbrot platt gemacht.

„Halt die Klappe!“, bekommt Frederike zur Antwort.

Dass es in der 3a hoch hergeht, ist normal. Schon als Erstklässler waren die Kinder kaum zu bändigen. Spätestens seit dem zweiten Schuljahr hat die Klasse den Ruf, der Schrecken der Grundschule zu sein. Zumindest beim Hausmeister. Aber auch mit anderen Klassen gab es Zoff. Vor allem die 4b kann es kaum ertragen, dass sich die Kinder der 3a mehr Gespräche zwischen Schulleiter und Eltern eingehandelt haben als sie. Sicher wird sich dieser Wettstreit zwischen den beiden Klassen auch in diesem Schuljahr fortsetzen.

Heute, am ersten Schultag nach den Sommerferien, ist die 3a gespannt auf die neue Lehrerin. Alle hoffen, dass sie netter ist als ihre Vorgängerin. Die konnte kaum jemand leiden. Während ein paar Kinder weiter durchs Zimmer turnen, beobachten die meisten anderen, wie Anton, Ulli und Jana die Leiter aufklappen und vor die Tür stellen. Benno füllt einen Eimer mit Wasser und Ilona entwirrt eine verknotete Schnur.

„Macht schon", drängt Ulli, der inzwischen auf der Leiter steht. Er lässt sich von Leo den Wassereimer reichen.

„Ups", sagt Ulli. Fast hätte er das Gleichgewicht verloren. Er stellt den Eimer auf das Regalbrett über der Tür, befestigt die entwirrte Schnur am Henkel und fädelt sie durch den Deckenhaken. An dem hing vergangenen Dezember der Adventskranz. Ulli lässt das lose Schnurende fallen. „An die Türklinke binden. Aber straff."

„Alles klar", sagt Jana. Sie zieht vorsichtig an der Schnur. Der Eimer rutscht ruckweise in Richtung Brettkante.

„So wird das nichts", sagt Ilona. „Der muss sofort umkippen, wenn man die Klinke drückt. Sonst merkt sie was."

„Und wenn wir hinten was unterlegen?", schlägt Jana vor.

„Spendier uns mal deinen Ratzefummel", sagt Anton zu Leo, der sich inzwischen hingesetzt hat.

„Ja klar, nimm ruhig", sagt Leo.

Frederike hockt mit düsterer Miene an ihrem Platz. „Ihr spinnt. Das könnt ihr nicht machen."

„Ach nein?" Ulli schiebt Leos Radiergummi von hinten unter den Eimer. „Zieh noch mal."

Jana zieht. Der Eimer rutscht nicht mehr, er kippt. Beinahe schwappt das Wasser über.

„Nicht so doll! Sonst taufen wir uns selber." Ulli springt von der Leiter.

Die meisten finden den Streich klasse. Ein paar nicht, aber die trauen sich nicht einzugreifen.

Anton steht mittlerweile Schmiere. „Sie kommt!"

Leseprobe aus:

Werner Färber, Total klasse!
Klassenfahrt mit Stolpersteinen

Schulausgabe erschienen im
Hase und Igel Verlag, Garching bei München
ISBN 978-3-86760-084-2
Begleitmaterial für Lehrkräfte
ISBN 978-3-86760-384-3

Frau Besenbinder steigt mit Xaver aus und führt ihn über den Burghof, damit er ein wenig frische Luft schnappen kann. Der Rest der 3a wird von einem regelrechten Empfangskomitee begrüßt. Hausmeister Griesberg, ein Zivildienstleistender und die Köchin heißen die Kinder auf Burg Borkenstein willkommen.

Und auch Anna Buchholz, eine Studentin, die während der Vorbereitungszeit schon zweimal in der Klasse war, erwartet die Kinder im Burghof. Anna ist mit dem eigenen Auto gekommen und wird Besi während des Aufenthalts unterstützen.

„Nehmt bitte eure Koffer und Taschen“, fordert sie die Kinder auf. „Ich zeige euch, wo ihr schlafen werdet. Wir haben ja schon in der Schule besprochen, wer mit wem ein Zimmer teilt.“

Über eine breite, abgetretene Holztreppe gelangen die Kinder in den ersten Stock. Dort gibt es zwei Zimmer mit jeweils fünf Betten. Eleonore, Naomi, Jana, Stefanie und Ilona nehmen das erste, Tina, Pia, Leo, Wolfram und Katharina quartieren sich im zweiten ein. Frau Besenbinders Zimmer liegt dazwischen. Das Fünferzimmer im nächsten Stockwerk wird von Qadir, Ulli, Ralf, Oskar und Gerit belegt. Im Sechserzimmer von Frederike, Corinna, Yvonne, Vicky und Hanna bleibt ein Bett frei. Die Studentin schläft im Dachgeschoss. Das danebenliegende Sechserzimmer wird von Benno, Anton, Zacharias, Murat und Dragan gestürmt.

„He, Mann, total klasse!", ruft Zacharias, als er ans Fenster tritt.

Von hier oben hat man einen fantastischen Blick über das gesamte Tal und auf den Burghof direkt unter ihnen.

„Da unten sind Besi und Üppig", sagt Murat.

„Arme Sau", meint Dragan bedauernd. „Meinem Bruder ist früher auch oft schlecht geworden."

Anton kennt kein Mitleid. „Üppig ist doch selber schuld, wenn er immer so viel frisst."

Vom Fenster aus können sie beobachten, wie der Reisebus durch das enge Tor den Hof verlässt. Besi verabschiedet winkend die Fahrerin und schlendert mit Xaver zu ihrem Gepäck. Was die beiden dort unten reden, bekommen die Jungen im Dachgeschoss natürlich nicht mit.

„Geht's wieder?", erkundigt sich Frau Besenbinder.

Xaver nickt, obwohl er noch immer ein wenig zittrig ist. Im Vergleich zu vorhin fühlt er sich allerdings wieder blendend.

„Wollen wir rein?", fragt Besi.

„Ja", krächzt Xaver heiser. Sein Hals fühlt sich von innen an wie ein Reibeisen.

Als sie ins Zimmer von Oskar, Gerit, Ulli, Ralf und Qadir kommen, sind dort alle Betten belegt. Das war so nicht abgesprochen. Letzte Woche haben sie auf Qadirs Geburtstag vereinbart, dass sie auf Burg Borkenstein ein Sechserzimmer haben wollen. Weil Xaver noch unten im Hof war, hat ihnen Anna offenbar versehentlich ein Fünferzimmer zugeteilt. Dafür hat sie das Sechserzimmer mit fünf Mädchen belegt. Mit fünf Mädchen will Xaver jedoch auf keinen Fall untergebracht sein.

„Da hat Anna wohl was verwechselt“, meint Besi zu den Mädchen. „Ich fürchte, ihr müsst noch mal tauschen.“

„Was?“ – „Nein!“ – „Bitte nicht!“ – „Wir haben doch schon eingeräumt!“, rufen alle durcheinander.

– Leseprobe –